ໄພທຳມະຊາດ

ໂດຍ ອານຸສິດ ເທບໄກສອນ
ຮູບໂດຍ ຈອນ ໂຮເບິດ ອາຊຸເຮໂລ

Library For All Ltd.

ໄພທຳມະຊາດ

ພິມຄັ້ງທຳອິດ 2022

ຈັດພິມໂດຍ: ອົງການ Library For All
ອີເມວ: info@libraryforall.org
URL: libraryforall.org

ຮູບແຕ້ມຕົ້ນສະບັບໂດຍ ຈອນ ໂຣເບິດ ອາຊຸເຮໂລ

ໄພທຳມະຊາດ
ອານຸສິດ ເຫບໄກສອນ
ISBN: 978-9932-14-022-0
SKU02478

ໄພທຳາມະຊາດ

ໄຜບ້ຳໆຖ້ອມ

ໄຝແທ້ງແລ້ງ

ไฟไหม้ป่าๆ

ຄົບເຈື່ອນ

ແຜ່ນດິນໄຫວ

ພູເຂົາໄຟ

ພະຍຸຝົນ

ພະຍຸທິມະ

ພະຍຸໄຊໂຄລບ

ຄົບສິບໆ

ຂໍ້ມູນທາງບັນນາບຸກົມຂອງຫໍສະໝຸດແຫ່ງຊາດ

ອາບຸສິດ ເທບໄກສອນ
  ໄພທໍາມະຊາດ / ໂດຍ ອາບຸສິດ ເທບໄກສອນ. -- ວຽງຈັນ: ປື້ມອ່ານ, 2022
  18 ໜ້າ : ພາບປະກອບສີ ; 26 ຊມ
  1. ວັນນະກໍາສໍາລັບເດັກ
  I. ຊື່ເລື່ອງ
808.068 -- dc21
  ເລກທະບຽນພິມຈໍາໜ່າຍ: 063 / ອພຈ07052036
  ISBN 978-9932-14-022-0

ເຈົ້າສາມາດໃຊ້ຄຳຖາມດັ່ງລຸ່ມນີ້ເພື່ອ ສືບທະບາກ່ຽວກັບເລື່ອງທີ່ອ່ານກັບ ຄອບຄົວ, ໝູ່ ແລະ ຄູອາຈານ.

ເຈົ້າໄດ້ຮຽນຮູ້ຫຍັງຈາກເລື່ອງນີ້?

ຈົ່ງອະທິບາຍເລື່ອງນີ້ ໂດຍໃຊ້ຄຳບັນຍາຍ 1ຄຳ. ຕະຫຼົກ? ຢ້ານ? ມິສິສັນ? ໜ້າສົນໃຈ?

ເມື່ອອ່ານຈົບແລ້ວ, ເລື່ອງນີ້ໃຫ້ຄວາມຮູ້ສຶກຫຍັງແດ່?

ໃນເລື່ອງນີ້, ເຈົ້າມັກສິ່ງໃດຫຼາຍທີ່ສຸດ?

ກ່ຽວກັບຜູ້ປະກອບສ່ວນ

ອານຸສິດ ເທບໄກສອນ ເປັນ ຄົນລາວ ທີ່ມັກເຮັດກິດຈະກຳນອກບ້ານ
ຫຼາຍຢ່າງ ເຊັ່ນ ຫຼິ້ນຄົນຕີ ຮ້ອງເພງ, ປູກຕົ້ນໄມ້ ຫຼາຍໆຊະນິດ
ເອົາໄວ້ແຢ່ງເບິ່ງ ຫຼື ແບ່ງປັນໃຫ້ໝູ່ເພື່ອນ. ໃນຍ່ມາ ອານຸສິດໄດ້ຮຽນຮູ້
ທີ່ຈະຮັກການອ່ານ ແລະ ໄດ້ເຫັນສິ່ງໃໝ່ໆ ໂລກໃໝ່ໆ
ຜ່ານປຶ້ມຫຼາກຫຼາຍຊະນິດ ຈຶ່ງຢາກໃຫ້ເດັກນ້ອຍຄົນລາວ
ໄດ້ຜະຈິນໄພຜ່ານການອ່ານ ຮຽນຮັກການອ່ານ
ຄວບຄູ່ກັບການເຮັດກິດຈະກຳຢູ່ນອກ ເພື່ອພັດທະນາການອ່ານ.

ປຶ້ມທ່ໍຂບໍ້ມ່ອນບໍ່?

ພວກເຮົາມີປຶ້ມຫຼາຍຮ້ອຍຫົວໃຫ້ເລືອກອ່ານ.

ພວກເຮົາຮ່ວມມືກັບນັກຂຽນ, ຜູ້ຊ່ຽວຊານດ້ານການສຶກສາ, ທີ່ປຶກສາທາງດ້ານວັດທະນະທຳ, ລັດຖະບານ ແລະ ອົງກອນທີ່ບໍ່ຂຶ້ນກັບລັດຖະບານ ເພື່ອນຳຄວາມເພີດເພີນ ໃນການ ອ່ານໃຫ້ກັບເດັກນ້ອຍທົ່ວທຸກແຫ່ງ.

ຮູ້ບໍ່?

ພວກເຮົາສ້າງການປ່ຽນແປງທີ່ດີໃນຊີງເຂດນີ້ ໂດຍປະຕິບັດ ເປົ້າໝາຍ ການພັດທະນາແບບຍືນຍົງຂອງສະຫະປະຊາຊາດ.

libraryforall.org